LÉON BIGOT

METZ-LA-LORRAINE

RÉCIT DE VOYAGE

MDCCCCIV

PARIS
[illegible] du VOLTAIRE
PORT-MAHON

VERDUN
Librairie E. LEJEUNE
9, RUE DE L'HOTEL-DE-VILLE

Metz-la-Lorraine

ŒUVRES DE LÉON BIGOT

POÉSIE

Premiers et derniers poèmes, 1 vol.

Révolte, petit poème, brochure.

ROMANS-FEUILLETONS

Le roman d'un Homme de rien. — Jehan Laplume. — Diane de Malangy. — Boulet-au pied. — Jacques-le-Frondeur. — La Fée des Roches. — Le Secret de la Cadette.

ROMANS, NOUVELLES, ETC., EN LIBRAIRIE

Pour Pleurer et pour rire, 1 vol. contenant : *la Folle Nue, Faux-Col-en-Papier, Fille Latine, Lettres Perdues*, etc. (3e édition). — Dentu, éditeur . 3 50

Follement Aimée, 1 vol., Roman passionnel. 4e édition. — Dentu, éditeur. 3 50

Cruautés, 1 vol., contenant : *Inconscience, Les Bluets de Paule, A Potin-sur-Scie, L'Eventrée*, Etc., etc. — P. Arnould, éditeur 3 50
(20 Exemplaires numérotés ont été tirés sur papier de Hollande). Edition de luxe épuisée . 10 et 30 fr.

Propos sceptiques d'un Homme de Foi, joli volume, caractère elzévir (E. Flammarion, éditeur) . . 3 »

THÉATRE

L'Ange du Poète, comédie en 1 acte, en vers.

Jeune Fille Moderne, comédie de salon pour enfants, en prose.

HISTOIRE

Le Connétable de Richemont, Fischbacher, éditeur, 1 vol.

L'Université de Paris et l'Ecole chez nos pères, Dentu, éditeur, brochure.

Courte notice sur Emery Bigot l'Archiviste (1626-1689) par l'un de ses descendants, brochure.

La Glose, Ch. Louage, éditeur, brochure.

Le Pays Verdunois, L. Marchal, éditeur, brochure.
Etc , etc....

LÉON BIGOT

METZ-LA-LORRAINE

RÉCIT DE VOYAGE

MDCCCCIV

PARIS
Aux bureaux du *VOLTAIRE*
12, RUE DE PORT-MAHON

VERDUN
Librairie E. LEJEUNE
9, RUE DE L'HOTEL-DE-VILLE

METZ-LA-LORRAINE

I

Metz, Août 1903. (1)

Un beau jour d'été, en pleines vacances, l'idée me vint de quitter ma forêt pour quelques heures, et de me rendre en Lorraine Annexée. J'y suis resté plus longtemps que je ne pensais; voici pourquoi cette lettre sera datée de Metz, (2) et non de Clermont-en-Argonne...

Ce voyage m'a laissé une impression plutôt fâcheuse.

J'ai sur le cœur comme un voile.

---

(1) Le récit de ce voyage a paru à Paris dans le *Voltaire*, et dans plusieurs journaux de province.

(2) L'auteur, pendant l'été de 1903, s'était installé à Clermont, en forêt d'Argonne.

Et des pensées inattendues me sont venues.

Sous la cendre endormie des souvenirs d'antan, il y eut en moi comme un réveil. Le patriotisme de naguère, le vrai, celui dont on sut nourrir l'enfance des hommes de ma génération, et qui diffère tant de certaines manifestations tumultueuses, parce qu'il n'a rien de politique, et parce qu'il ne saurait être d'un parti, a revécu, par étincelles, dans le lointain de mes visions. Je rapporterai d'ici comme une sensation de deuil...

Il m'a fallu partir vers une heure de l'après-midi, de Clermont, et attendre un temps infini à Verdun, pour arriver à Metz à sept heures, heure de France, à huit heures, heure d'Allemagne ; car il y a cinquante cinq minutes d'écart, entre l'heure de Paris et celle de Cologne.

Rien des grands express ! Mon compartiment de première classe est percé à jour. L'air y souffle comme dans un instrument à vent, et l'allure est celle du coche de Melun, ou de Corbeil, à votre choix, au grand siècle. Après Verdun, la vitesse devient... désespérante.

Quand le train arrive péniblement à Amanvillers, gare allemande, on ouvre mon compartiment et on me fait passer à la douane.

Un gendarme au casque à pointe me demande, à moi seul de tous les voyageurs — je me crois privilégié — pourquoi je vais à Metz et quelle est ma profession. Mon compagnon de route, mon fils, un collégien de treize ans, regarde le gendarme avec curiosité. Je déclare que je ne suis pas militaire, que je suis professeur, homme de lettres et père de famille, et que je me promène... pour voir.

Le gendarme examine ma carte, la lit attentivement et, très poliment, me laisse passer.

Dix minutes après, sur le quai, on me rouvre la portière du wagon, et, avec une certaine déférence, on m'aide à m'y installer de nouveau.

Mon fils, en *potache* perspicace, me fait remarquer que l'on n'a rien demandé aux voyageurs des autres classes. J'en conclus que, la prochaine fois, si je passe par Amanvillers, qui est une gare-frontière de *petite ligne*, je prendrai les *troisièmes*....

D'Amanvillers à Metz, quoique ce pays, qui fut nôtre, soit très beau, le voyage semble d'une lenteur exagérée. Enfin, voici la gare de Metz.

Je crois entrer dans une caserne pavoisée pour un jour de fête. Je suis étonné de voir des drapeaux bavarois qui tapissent presque entièrement l'intérieur du hall, et presque point les couleurs de l'Empire.

Tandis que la gare est remplie d'uniformes

bleus, au milieu desquels apparaissent, de place en place, ces longs manteaux gris, sévères, des officiers, des chants s'échappent d'un train. Des hurrahs partent, sonores. En me glissant dans la foule avec mon gamin, triste malgré moi au milieu de cette joie, j'apprends que le « huitième » régiment bavarois d'infanterie, en garnison à Metz, fête son centenaire, et que des anciens soldats du régiment, accompagnés de leurs familles, arrivent de Munich par des trains spéciaux ! (1)

J'ai décidément mal choisi mon jour !

Des musiques attendent devant la gare, près de la caserne du Prince Frédérick Charles, et des cortèges se forment, où des femmes et des enfants, venus de Bavière, s'encadrent avec des vieillards et des vétérans du régiment, pour entrer gaiement, au son des cuivres, dans l'ancienne ville française....

Je laisse passer ce flot. Je regarde mon enfant. Ce spectacle l'a rendu tout pâle. Je cherche une diversion, voulant gagner un hôtel au plus tôt. Mais les fiacres sont pris d'assaut. Un ouvrier, qui parle français comme un Lorrain qui n'aurait rien oublié, me dit que le tramway de la

---

(1) Ce détail fixe l'époque de ce voyage, qui eut lieu dans la première huitaine d'Août 1903.

cathédrale pourra circuler après la foule, et que je ferai bien d'attendre.

Alors, sous les derniers rayonnements du soleil couchant, je cherche la porte Serpenoise. Elle n'est plus. Il y a, à sa place, une voûte inachevée, et que l'on appelle Porte Frédérick-Charles! La Porte Serpenoise était un souvenir ; son nom seul faisait revivre la tradition latine, puisqu'elle rappelait l'antique *Scarpona*, *Serpona*, de la Gaule romaine. Mais on a laissé, dans un coin du vaste fossé non comblé, les restes de la tour Commouffle, un vestige de l'histoire messine, qui maintient encore le nom du bombardier légendaire de Metz-la-Pucelle !

Pourquoi avoir abattu Serpenoise ? Est-ce pour effacer jusqu'au souvenir du bourgeois Harel, des attaques vaines de Charles-Quint et de la défense des Guise, qui furent quelquefois bons français ?

Je me rappelle ces pages émues du lieutenant de vaisseau Farcy, — le commandant trop oublié de notre canonnière du siège de Paris,— sur Metz *avant*, et *après* la guerre! Elles seront toujours vraies. Je les ai lues un soir, dans une conférence à mes élèves, et tous pleuraient en m'écoutant. Je vous affirme que sans être chauvin, — le chauvinisme m'a toujours apparu la caricature du patriotisme, — on ressent quelque chose d'indéfinissable, quand on est Français, en débarquant en Lorraine allemande !....

Le tramway s'arrête à quelques pas de la gare. Le timbre a résonné. Je m'installe avec mon collégien. Son uniforme révèle qu'il est de l'autre côté de la frontière. Le conducteur a un bon sourire pour le jeune touriste. Des dames semblent se gêner avec plaisir pour lui faire place. Je trouve, dans cette voiture, une hospitalité presque cordiale, et je constate que, sauf un tout jeune sous-officier, très correct, sanglé dans sa tenue comme pour la parade, et au collet de drap fin, très haut, tout le monde parle français....

Le tramway, après avoir franchi le pont qui domine les anciens remparts, remonte l'avenue Serpenoise, passe devant l'évêché et la caserne Empereur-Guillaume, — notre ancienne caserne du Génie, — traverse la place immense où se trouve la statue du maréchal Ney, et s'engage dans la rue Serpenoise, qui m'a semblé tout d'abord étroite, pour sa réputation européenne.

Les drapeaux bavarois flottent de toutes parts. L'Empire veut fêter ses vassaux. Le portrait des princes bavarois apparaît, enguirlandé de fleurs, à la devanture de nombreux magasins. Après un détour, quand nous arrivons place de la Cathédrale, et que déjà les rues s'illuminent, une musique joue, conduisant les invités du huitième régiment à quelque salle de banquet.... (1)

En descendant du tramway, je constate qu'il n'y aura de place, sans doute, que dans les maisons *non* allemandes, et nous gagnons l'*Hôtel de France* pour nous assurer un gîte.

Les chambres furent vite retenues. Il était temps. Des officiers étaient venus, en bons fourriers, pour assurer la nuit de plusieurs couples bavarois. D'autres allaient venir ! Tranquilles de ce côté, nous nous engageâmes, à pied cette fois, dans les rues

Il était déjà huit heures et demie quand nous eûmes l'intention de dîner. L'heure était d'autant plus tardive que les Allemands, qui ont fini par imposer leurs mœurs aux Messins, ignorent absolument ce dont les citadins français abusent depuis plus de trente ans : l'apéritif est inconnu ici. Les heures des repas ne sont pas du tout, d'ailleurs, celles de France.

De même que les magasins vont se fermer *à neuf heures*, — c'est-à-dire à 8 heures, à cause de l'horaire, — le dîner à la parisienne, après sept heures, est presque interdit au touriste, qui ne trouvera que la Brasserie, la lourde

---

(1) Voir plus haut

Brasserie, à sa disposition ; il est vrai que lorsque toutes les boutiques seront closes, au couvre-feu, et que les rues seront plongées dans une sorte de nuit, il y aura du monde à la *Germania* et à la *Bürgerbraü* jusqu'à des heures matinales.

C'est dans la seconde de ces maisons que nous mangeâmes très mal, à l'allemande, sous les yeux de robustes buveurs de bière, pendant que nous servait une fille de Lorraine qui portait sur l'épaule un flot de rubans bleus, pour honorer la Bavière, — toujours la Bavière.

Quelques bourgeois, dont quelques-uns avec leur famille, se livraient aux délices épaisses de la chope.

Mais, pour ces quelques bourgeois, que de guerriers !

L'officier, qui fréquente peu, quoi qu'on en dise, l'élément lorrain, vit à la Brasserie avec ses camarades, tout à fait à la tudesque, et parlant exclusivement allemand. Il est extraordinaire, seul ou en groupe, guindé dans son uniforme, qui enserre son cou, carre ses épaules, et le prend tout entier comme dans un étau. Son supplice doit être énorme, tant il s'observe quand il est en public. Sa morgue est infinie, décevante, mais il ne cesse pas d'être courtois pour l'étranger, surtout pour celui qu'il devine être français.

Ce qui stupéfie, c'est la discipline effrayante qui règne dans cette armée. L'homme est broyé. La conscience humaine semble annihilée. L'attitude du soldat, de l'enfant d'hier, devant ses chefs, telle qu'elle est imposée, est déconcertante chez une nation qui se proclame si fière de nous avoir donné Leibnitz et Kant !

Un fils de famille, que son père conduit à la Brasserie, se tient debout, après avoir fixé tour à tour tous les officiers qui sont là, et il attend qu'on lui permette de s'asseoir. Des sous-officiers, au collet et au bouton d'or, immobiles devant des lieutenants, silencieux comme des statues, guettent, pour se mettre au repos, qu'on leur fasse un signe. L'officier n'a jamais un sourire. Il daigne condescendre à un acquiescement ! Et cette sorte d'affectation, devant les vaincus qui sont là, en pays conquis, tandis que j'entends parler français autour de moi, a quelque chose qui me poigne....

Il est dix heures du soir. Une musique joue sur la terrasse. Des Bavarois chantent un chœur je ne sais où. Ce chœur est énervant.

« Père, j'ai sommeil ! » me dit, très triste, mon collégien.

Alors, nous repartons, suivis de loin, le long de la rue noire, par un soldat de police qui, à un certain moment, s'approche de nous, afin de nous dire que nous ferons bien de prendre la Goldsmith-Strasse, pour gagner l'Hôtel de France....

Nous sommes très bien gardés !

Et nous allons *dormir*, comme ils disent ici, derrière la merveilleuse cathédrale messine, au dessous de la terrible *Mutte*, la cloche lorraine qui lança tant de tocsins, jadis, pour les vieilles libertés, aujourd'hui mortes !

II

Metz, Août 1903.

Dès le matin, nous étions Parade-Platz, devant la Cathédrale. L'espace est ménagé, entre la superbe église et l'Hôtel-de Ville, et le nom jure un peu avec l'exiguité du lieu : c'est tout simplement l'ancienne place de l'Eglise, ou place Napoléon, de la période française. Combien changée, d'ailleurs !

Un poste militaire s'y trouve.

Les malheureux factionnaires, qui doivent avoir ici, non pas seulement le respect, ce qui serait banal, mais la hantise de l'officier, passent leur temps à *flairer* leurs chefs. Vous les voyez tout d'un coup exécuter des mouvements automatiques, se mettre à l'ordre, rendre les honneurs : à cent mètres d'eux, un officier, deux officiers passent, qui ne regardent même pas....

Il nous faut voir de nouveau tout un cortège de Bavarois, avec leurs femmes, bras dessus, bras dessous, marquant le pas derrière une musique, tandis que des soldats les entourent. Ce monde vient encore de la gare : c'est un train de nuit qui débarque ! Quelques hommes et quelques villageoises portent le costume national de Bavière ; on peut les regarder sans sourire. Mais la plupart sont indescriptibles : ces pauvres femmes qui marchent militairement, en costumes de citadines à *la mode de Paris*, et ces chapeaux hauts de forme, bizarres, dominant des redingotes fripées, verdâtres plutôt que noires, offrent un spectacle grotesque. Ils dévorent des yeux l'Hôtel-de-Ville et la cathédrale de la vieille cité lorraine, et échangent tout haut leurs réflexions, en passant : on sent qu'ils se disent que le *huitième* doit être pour quelque chose dans la conquête, et leur orgueil tudesque semble en jouir... (1)

Le flot a disparu. Je me dirige avec mon

(1) Patriotisme vivace, toujours éveillé, quoi qu'on en dise, hélas, contre *l'ennemi héréditaire !*

enfant vers la statue de bronze de Fabert, élevée depuis des générations dans un coin de la place. Pauvre et glorieux soldat, sorti des rangs du peuple, et arrivé au commandement par sa seule valeur, à une époque où les gentilshommes parvenaient presque exclusivement aux honneurs ! Une inscription atteste sa gloire, et je la fais lire à mon petit compagnon de route :

SI, POUR EMPÊCHER QU'UNE PLACE
QUE LE ROI M'A CONFIÉE
NE TOMBAT AU POUVOIR DE L'ENNEMI,
IL FALLAIT METTRE A LA BRÈCHE
MA PERSONNE, MA FAMILLE ET MON BIEN,
JE NE BALANCERAIS PAS UN MOMENT A LE FAIRE !..

Quelle ironie, maintenant, que cette mâle inscription, et comme les Allemands doivent rire en la relisant !

Mon enfant semble l'apprendre comme une leçon, puis il me dit, très étonné : « Elle était là du temps de Bazaine, et Bazaine a rendu Metz ? »

Jamais je n'ai mieux senti l'abominable trahison de ce soudard criminel, de ce traître infâme....

Un officier, qui mâchonne un cigare, nous regarde curieusement. Il doit comprendre ce que je sens : je juge bon de quitter la statue, pour n'avoir pas l'envie de dire quelque chose, et nous nous dirigeons vers la Cathédrale.

A gauche du portail principal, dont l'Empereur a inauguré récemment la réfection, je découvre de suite cette fameuse statue du prophète Daniel à qui l'artiste a voulu donner la physionomie de Guillaume II. Certes, l'œuvre ne doit pas ressembler à Daniel, dont personne n'a jamais vu les traits, mais elle est bien l'image taillée de l'Empereur. Nous passons devant cette flatterie de statuaire, et nous entrons.

La Cathédrale de Metz dont on ne peut juger l'effet extérieur que de loin, car la ville, en l'enserrant, nuit à sa perspective, et certaines bâtisses, en s'appuyant sur elle, l'entourent de constructions parasites, est une des plus belles basiliques qu'il m'ait été donné de voir. Certes, quand elle se détache sur le ciel, au milieu du panorama de la cité, avec sa grande tour et sa flèche, avec ses hauts vitraux où le soleil se joue, surmontée de cette *Mutte* terrible, — *Dame Mutte,* — dont nous avons parlé déjà, et de cette broderie lapidaire qui est une merveille sculpturale, elle produit un effet grandiose. Mais c'est l'intérieur de l'immense vaisseau qu'il faut contempler.

La nef est d'une sveltesse qui trouble. On dirait bien réellement, en contemplant cette envolée, cette hardiesse des colonnades presque aériennes, et la griserie des tons jetés sur les choses par des verrières incomparables, que les artistes divins du quatorzième et du quinzième siècles n'ont mis de pierres que ce qu'il en fallait pour sertir les rosaces et les vitraux ! Je n'ai pas encore rencontré de *triforium* aussi transparent, et de temple gothique ciselé à jour comme celui-là !

La matinée, au moment de notre visite, était heureusement radieuse. Dans la clarté de la pierre nue, la lumière tamisée par les verrières peintes avait quelque chose de surprenant et de mystique qui noyait les êtres dans un poudroiement d'or. Les grands imagiers du verre qui, associés avec les imagiers de la pierre, ont obtenu cette œuvre, étaient des maîtres auprès desquels nous nous trouvons bien petits !

Naguère, la cathédrale possédait un trésor que les antiquaires venaient visiter de loin. Quand on demande ce que tout cela est devenu, on est accueilli par un silence dont la prudence seule est d'une éloquence suffisante. On vous montre encore une chape *dite* de Charlemagne, qui n'a jamais été portée par le grand Empereur, et un *dragon* de Saint-Clément dont il serait difficile de préciser l'époque ; c'est un mannequin lamentable.

Nous sortons de la nef, et nous nous retrouvons sur le parvis. C'est pour voir un régiment défiler. Toujours cette obsession !

Ce régiment-là, aux uniformes noirs, est un régiment prussien. Les petits tambours, battus avec une cadence plus affectée, plus maniérée, que celle de nos *tapins* de France, n'ont pas un bruit guerrier. Les fifres jouent faux. Je me rappelle les gamins qui en sifflaient, chez nous, avant la Guerre : ils étaient au moins drôles, ces enfants !

« Père, j'aime mieux nos clairons ! »

Et moi, donc !

La musique proprement dite est toujours digne de la réputation artistique du peuple allemand, dans les régiments de l'Empire. Mais elle n'est guère militaire. Elle n'enlève pas ! Quand celle-ci a disparu, avec ses instruments énormes, dont quelques-uns sont bizarres, comme certaine lyre qu'un virtuose secouait ainsi qu'un chapeau chinois, je regarde les hommes qui suivent.

Si le port du fusil, chez nos voisins, semble toujours étrange, la tenue est d'une régularité mathématique, et d'une uniformité remarquable. Les officiers sont décidément impeccables : tous ces gens-là semblent en zinc découpé !

Mais voici le drapeau.

Doucement, sans faire remarquer notre départ, nous nous éloignons. Je juge inutile de le regarder....

Il est l'heure, à peu près, où l'on peut déjeuner, à Metz, dans un hôtel de premier ordre. Si j'essayais de voir ? La vie, ici, pour les hautes classes, est-elle aussi raffinée que dans les grandes villes de l'étranger ? C'est à vérifier.

Il y a en Angleterre, dans certaines hôtelleries *select*, un luxe, pour le *lunch* et le souper, qui ferait croire que toutes les délicatesses françaises ont passé la Manche. Telles tables d'hôte d'Allemagne ont aussi une tenue seigneuriale : à Berlin, il est des maisons qui n'ont rien à envier aux plus aristocratiques cabarets de Paris et de Londres. Comme l'on compte, à Metz, des officiers qui mènent une vie de princes, à cause de leur naissance et de leur immense fortune, ne serait-il pas bon de prendre des notes, de faire une étude de mœurs ?

Nous nous faisons conduire au plus grand hôtel de la cité.

Etait-ce bien la peine d'avoir supprimé les vieilles hôtelleries françaises, provinciales, mais cordiales et hospitalières, comme il y en avait avant la Guerre, comme il y en a à deux pas de la frontière, pour nous donner la comédie d'un luxe qui n'existe pas ? Les maisons de premier ordre sont pitoyables, à Metz, et leur prétention sent plus ou moins l'opéra-bouffe. Maîtres d'hôtel à la chemise douteuse, à l'habit râpé, service de buffet médiocre jouant à la *restauration*, mets innommables présentés gauchement, et que disposent dans leurs assiettes, avec des gestes lourds, des gens qui usent de leur couteau plutôt que de leur fourchette, — tout cela agrémenté d'un décor vieillot de vaisselle dépareillée, de lingerie banale et de cristallerie de bazar, — telle est l'élégance de mauvais goût que je constate dans un établissement de *premier ordre*.

Metz est tellement en pénitence qu'on lui laisse ignorer même le luxe et le confortable allemands, qui sont cependant très réels, après lui avoir enlevé les mœurs françaises !

Je me rends au Café Turc, place de l'Empereur Guillaume, pour prendre un *mazagran*. Cette appellation militaire d'un breuvage cher aux Français, ce n'est pas moi qui l'emploie. C'est un grand diable de voyageur de commerce qui fait entendre ce mot dans l'estaminet paisible où deux officiers prussiens fument de gros cigares. Je ne peux m'empêcher de rire. Ces messieurs lancent du côté du voyageur un regard qui n'a rien de méchant. Mais ils ont compris, c'est clair, — et ils se répètent le mot, *mazagran*, en appuyant sur le *z* et sur le *g*...

Ici, nous sommes à deux pas de l'Esplanade, et je tiens à m'y rendre pour admirer le panorama tant vanté.

Le *mazagran* ne me retient qu'un quart d'heure, juste le temps de jeter un coup d'œil sur les journaux de Paris.

En quittant le Café Turc, nous coupons la place pour saluer en passant la statue de Ney.

Le maréchal est représenté un fusil à la main, dans l'attitude du combat.

Un sous-officier bavarois, tout jeune, imberbe comme un écolier, et serré dans sa tunique bleu d'azur, ainsi qu'une fillette trop coquette, regarde longuement la statue. A quoi peut-il bien songer ?...

Nous continuons, et nous voici immédiatement sur cette promenade de l'Esplanade, qui a été achevée sous Napoléon Ier, et qui est, à la vérité, très belle.

Autour du kiosque de la musique, le jardin est d'un très gracieux effet. Parmi les fleurs et les verdures. des petits enfants, que gardent des bonnes en coiffes alsaciennes, jouent et s'amusent. J'écoute les gazouillements de ces petits. Ils sont tous allemands : *babies* de fonctionnaires ou d'officiers. Mais ils sont jolis ! Hélas, est ce que les enfants connaissent les haines des hommes ? Quand on les voit et que l'on pense aux guerres, on a comme un serrement de cœur !...

Tout d'un coup, se dresse devant nous la statue équestre de l'Empereur Guillaume Iᵉʳ ; puis se développe, comme dans une mise en scène savante, le paysage immense que commande cette statue colossale....

Le vieil Empereur apparaît dans une apothéose inattendue. C'est très beau.

A ses pieds, au bas du côteau, la vallée s'étend.....

Le spectacle est merveilleux.

Le mont Saint-Quentin, au fond du tableau, surgit, avec ses frondaisons d'émeraude...

L'île Saint-Symphorien et ses prairies, éclatent sous le soleil, parmi les méandres de la Moselle, tandis que les villages du Ban Saint-Martin et de Longeville piquent la verdure de leurs toits coquets. Des vignes semblent courir le long des collines. Aussi loin que le regard se porte, c'est la fraîcheur et la vie... Ah ! le beau pays !...

Je me penche sur le bord du garde-fou qui termine l'Esplanade : c'est le vieux rempart qui est là, construit, consolidé pendant des siècles par nos aïeux de France, et que domine le vieil Empereur allemand...

Vauban faisait des murs solides, parce qu'il savait que des Fabert seraient là pour les défendre....

Vauban pouvait-il prévoir un Bazaine ?

III

Metz, Août 1903.

Cette Esplanade que Lorédan Larchey a décrite avec enthousiasme, est évidemment une surprise pour le touriste. On ne se fatigue pas de scruter l'horizon avec une longue-vue ou une jumelle. Une famille britannique manifeste près de nous son admiration, malgré le flegme anglais bien connu, par des *oh !* et des *ah !* interminables, lorsque nous nous décidons à partir.

Nous gagnons le Palais de Justice, qui date

de 1776. Un artiste normand, François Le Masson, de la Vieille-Lyre, près d'Evreux, en fut le sculpteur.

Devant le Palais, de jolis parterres aux dessins pleins de goût, font ressortir deux œuvres d'art remarquables dont je n'ai pu découvrir les auteurs : la statue d'un cheval et celle d'une nymphe.

Enfin, nous arrivons au Jardin Boufflers, où l'on retrouve l'art de Le Nôtre, dont la régularité a toujours plu aux Allemands, et où nous rencontrons l'image équestre de Frédérick-Charles. A part cette dernière, tout nous rappelle la France, dans ce coin de Metz : le Palais de Justice construit sous Louis XVI, les sculptures de François le Masson, le nom de Boufflers et le genre de Le Nôtre !

Du jardin Boufflers on peut gagner la vallée par la rampe de l'Esplanade.

Il fait un temps clément et doux, assez rare ici, et nous descendons vers une grande écluse aux eaux qui chantent, tandis que, de loin, nous apparaissent les ombrages du Saulcy.

Nous sommes bientôt au Moyen-Pont, lequel figure, sur un plan très vieux que je consulte par zèle historique, sous le nom de Pont-des-Pucelles : il y avait là, jadis, un couvent fameux, celui des Pucelles-ès-Vignes, ou des

Vignes.

Mais je désire aller plus vite : l'heure s'avance. Je ne veux pas finir la journée sans avoir beaucoup vu. Je hèle un cocher qui passe, avec une voiture découverte. Il a la tenue des cochers du pays, tenue négligée que j'ai déjà remarquée : ce ne sont pas nos automédons de l'*Urbaine*, que les cochers messins paraissent copier ! Leur modèle, sauf pour quelques rares exceptions, semble être plutôt le cocher nocturne de nos gares parisiennes. Celui que je hélai avait l'élégance professionnelle : il conduisait en mettant un pied sur le garde-crotte, puait la pipe, et portait sur l'oreille, avec un air frondeur, une casquette sale.

Je lui demande, dans un allemand détestable, qu'il me fasse faire le tour de la ville. Il me répond qu'il est de Thionville, et qu'il sait le français....

Au coin du pont, mon homme cligne de l'œil avec un agent de police. Les cochers sont tous les mêmes ! La nationalité n'y fait rien. A Bukarest comme à Berlin, à Moscou comme à Paris, à Metz comme ailleurs, ils sont toujours au mieux avec la police ! Ce clignement d'yeux m'agace ; je secoue ce charretier avec morgue, comme si j'étais un des seigneurs du lieu, un officier, et je lui dicte mon itinéraire en me servant d'un *Guide* : ce ton d'autorité fait merveille ! L'agent du coin du pont m'adresse un petit salut, et mon imbécile de cocher part au grand trot...

Ma voiture longe quelque temps le fleuve. La promenade n'a rien d'agréable dès les débuts. L'ancien quartier de cavalerie française, situé *extra-muros*, et occupé par des cavaliers prussiens, est dans un état de délabrement repoussant. C'est aussi laid que les environs des fortifications de Paris, du coté de la Villette.

Je préfère suivre de plus près les remparts, qui me rappellent Vauban.

Je constate qu'on les démolit avec empressement. Une nuée d'ouvriers italiens s'emploie à cette besogne. Ah ! ces Italiens, on les voit partout ! (1)

C'est ainsi que nous arrivons, après avoir passé devant le Casino des Officiers, qui est l'ancien mess et l'ancien cercle français, près de la Porte des Allemands.

On a détruit Serpenoise ; on ne détruira pas ce monument. Je sais bien qu'il est un des plus curieux et des plus complets spécimens de l'architecture militaire au quinzième siècle :

---

(1) On démolit les remparts, et on les remplace par une grille en fer, armée de pointes, qui aura plus de vingt kilomètres de tour. Metz est en cage !

Henri de Raconval, qui fut l'un des maîtres ouvriers de la cathédrale, contribua à cette construction intéressante. Mais, à tout prendre, la vieille porte française avait bien sa valeur aussi.

Je ne sais pas ce que me raconte le cocher, qui a dû apprendre de mémoire un boniment ridicule : je lui dis de se taire et de me conduire à Saint-Eucaire. Je suis fatigué des remparts poudreux, éventrés, où travaillent des Italiens. Je veux rentrer en ville.

Saint-Eucaire est une église dont les origines sont trés anciennes, car l'une de ses tours doit dater du douzième siècle. Le reste de la construction est du quinzième, et le caractère flamboyant s'y montre nettement. Mais elle n'a pas le don de retenir l'historien comme Saint-Maximin, rue Mazelle, où je me fais conduire par mon cocher, qui me paraît de bien mau vaise humeur : ce bonhomme, évidemment, aime mieux les remparts !

Saint-Maximin possède une abside qui date de la fin du onziéme siècle ou du commencement du douzième. C'est de l'architecture romane pure, élégante et légère, — ce qui est rare. Pas de moulures aux fenêtres, mais de jolies colonnettes, des nervures capricieuses et des contreforts, à l'extérieur, comme on en voit peu ; ils reposent sur le chapiteau d'une colonne qui monte très haut le long des murailles, et sont couronnés par un larmier à très robuste relief....

La voiture qui nous porte ne va plus que lentement. Dans quel singulier quartier nous sommes ! Je viens d'apercevoir des rues étroites où s'agitent des créatures sordides, où d'autres, sur des seuils indescriptibles, semblent attendre. Il est facile de deviner le genre d'occupations de ces femmes miséreuses qui demeurent là. Le comble, c'est que de petits enfants courent dans ces ruelles. Aux fenêtres, paraissent des loques. J'active le cocher, qui manque d'écraser un gamin, dans un tournant, et ce dernier lui jette une injure du plus pur piémontais. C'est la Tour de Babel !

Tout d'un coup, nous voici dans les *Tanneries*.

Ici, le pittoresque triomphe. La Seille coule lentement entre de hautes bâtisses, éventrées, à jour, offrant au regard cinq étages de casiers immenses, tout grands ouverts, où pendent des peaux qui sèchent. Aux étages inférieurs, on râcle le cuir. Une odeur étrange plane sur les choses. Le soir, au clair de lune, tout cela doit être singulier, et rappeler le vieux Metz industriel de jadis. Ce décor de pignons tailladés, percés de crevasses, et de peaux se balançant à l'extrêmité de perches branlantes, doit projeter des ombres et des silhouettes dignes d'un autre âge. (1)

Mon cocher, qui est têtu comme on ne saurait l'être, et qui ne comprend pas mes goûts, veut me ramener du coté de la Cathédrale. J'ai un *Guide* qui me renseigne assez bien, et je fais revenir la voiture sur nos pas, pour jeter un coup d'œil sur la place Saint-Louis, autrefois place au Change.

Sous des vieilles maisons, dont quelques-unes ont les toits pointus des estampes de naguère, des arcades presque sombres s'alignent. C'est là que les marchands d'or et d'argent du vieux temps, pour la plupart israélites, firent le change pendant près d'un siècle, — le change, la banque et la commission. Il y aurait trop de choses à expliquer là dessus à mon collégien, qui me parle déjà de la *Hanse* dont il a lu deux mots dans un livre, et je demande au cocher, arrêté un moment et maugréant toujours, de repartir vers l'église Saint-Vincent, — ce qui manque absolument de méthode, j'en conviens, — quand la place est envahie par une troupe bruyante.

(1) **Tout ce pittoresque ne sera plus bientôt !**

La caserne du *Roi Louis* n'est point très loin de ce quartier. Des *pèlerins* de Bavière y rentrent après avoir visité la ville. Une musique les précède encore. Cette fois, les femmes m'ont l'air fatigué : on les remorque ! Des châles traînent à terre, piétinés en cadence. De bons Bavarois, tout rouges, me semblent avoir pas mal sacrifié à Gambrinus. Un soldat, qui marche en serre-file, et qui rase ma voiture, a l'air de se moquer de ses hôtes. Il rit à en secouer les maisons.

Le flot disparaît.

Au moment où le cocher fouette son cheval, une escouade débouche sur la place silencieuse, au pas, sous le commandement d'un sous-officier. Soudain, le sous-officier fait un geste, et voici que les hommes du détachement allongent la jambe comme à la parade, et frappent le sol avec un bruit sec.

Qu'est-ce qu'il y a ?

Mon collégien et moi, nous cherchons, nous fouillons la place du regard : sous les arcades, un officier vient de passer, avec sa femme et sa bonne ; il tient par la main son petit garçon. Il ne voit même pas le détachement qui lui rend si étrangement les honneurs !...

Nous parcourons l'église Saint-Vincent.

Elle est fort belle, mais non de toute beauté, car un incendie la défigura au dix-huitième siècle. Son sanctuaire est des plus remarquables. Si sa restauration fut pitoyable, ce qui reste de l'œuvre primitive du treizième siècle est absolument hors de pair.

Mais le temps presse : « Cocher, à la Bibliothèque !... »

L'automédon messin devient enragé quand je change un moment d'itinéraire, — et pourtant je le paye à l'heure,— pour faire une station à l'église Sainte-Ségolène, dont je vois le nom dans mon *Guide*.

Nous visitons l'église, qui est véritablement trop bien restaurée. Comment diable reconnaître le treizième siècle là-dedans ? J'admire une *Pieta*, d'après Michel-Ange, qui se sent beaucoup de la manière de Ligier Richier. Je note les détails romans de trois absides, et nous revenons à mon conducteur, qui parle tout seul, sur son siège.

La Bibliothèque et le Musée ont été installés dans l'ancienne église des Petits-Carmes. Je croyais que l'on ne montrerait plus de richesses: le Trésor paraît constitué par l'unique présence du premier livre imprimé à Metz en 1480. Il y a évidemment, dans le nombre de ces cinquante mille volumes, des ouvrages d'un grand prix, mais nos villes universitaires n'ont rien à envier à Metz. J'ai encore une désillusion au sujet des collections d'histoire naturelle, des documents archéologiques et de la galerie de tableaux....

Je ne parlerai que pour mémoire du Temple Protestant de la garnison, qui est quelconque, malgré ses prétentions ; de la nouvelle Eglise Réformée en construction ; du Théâtre et de l'Hôtel de Ville, — car j'ai tenu à me rendre compte de l'ensemble et de la vie, de la vie surtout.

Je lâche mon cocher place de l'Empereur-Guillaume; il paraît de plus en plus furieux de ma promenade à bâtons rompus. Je le paie sous le regard inquisiteur d'un agent avec lequel il ne cligne pas de l'œil, cette fois-ci, et, comme il est tard, nous déambulons vers la Brasserie.

Où voulez-vous aller, si ce n'est là ?

Nous croisons des uhlans à la lance flammée. Je les ai vus en France, quand j'étais enfant comme mon fils. Ils me rappellent *l'année terrible* plus que n'importe quels autres soldats du Kaiser !

A la Brasserie, mauvais dîner.

Mais j'entends parler autour de moi du *Colosseum.*

Je crois comprendre qu'une chanteuse française y débute. Tous les officiers qui sont là ne s'entretiennent que de la chanteuse française. Comme il n'y a pas, en cette saison, de Théâtre proprement dit, le *Colosseum* doit être un Café-Concert.

Chanteuse française ! Café-Concert ! Hélas, que nous avons de malheureuses gloires !

Des prospectus sont sur les tables. Je lis :
« Specialitäten-Theater, Direction : Heppekau-
« sen und Nordmeier. — Colosseum, Metz,
« Romerallée, 20. — Orpheum Trier am Palats-
« platz. — Streng decentes Familien-Pro-
« gramm !... » Et, plus loin : « Chanteuse fran-
« çaise : Carmen Mahy ».

Je prends la résolution d'aller voir ce spectacle.

A huit heures et demie, nous sommes installés, mon compagnon et moi, dans deux fauteuils d'orchestre.

Le *Colosseum* est un modeste music-hall, tout blanc, tout neuf, mais petit, qui danserait dans l'Eldorado.

Les loges sont remplies d'officiers,

Ils sont là chez eux, tout à fait chez eux. Les gens de service, en livrée, les saluent comme des princes. Un sous-lieutenant est conduit à sa place comme un feld-maréchal : et c'est ce qu'il y a de plus colossal au *Colosseum !*

Au fond de la salle, face à la scène, un *bar* américain, où beaucoup d'uniformes se pressent.

Je ne vois presque pas de civils.

On regarde un peu mon « potache ». Je ne peux pas dire que l'on n'est pas courtois. Un de mes voisins me dit en riant : « *Klein Offizier ?* » Je suis forcé de sourire.

Mon *petit officier*, d'ailleurs, s'intéresse au spectacle, qui n'a rien d'immoral : des clowns, des chiens dressés, des jongleurs, des chanteuses allemandes quelconques. Et cela lui suffit. Il ne s'aperçoit pas en quoi l'Etablissement ressemble aux *Folies-Bergère*, car il ignore ces dernières : je suis donc bien tranquille...

La *chanteuse française* paraît.

C'est du délire !

Les officiers lui font une fête. La pauvre fille va se prendre pour une *diva !*

Et qu'est ce qu'elle chante ?

Vous ne devinez pas ce qu'elle chante ?

La scie parisienne d'origine viennoise : « Viens Poupoule ! »

Tout le monde répète le refrain.

A côté de moi, un capitaine bavarois tient à prouver son parisianisme.

Il fredonne complaisamment : « *Fiens Bouboule, fiens* ! » Je ne peux m'empêcher d'éclater ; quant à mon collégien, il rit tellement qu'il en pleure !

Et onze heures ont sonné.

Le rideau tombe au milieu des acclamations.

J'évite le *bar*, qui ferme à des heures moins familiales ; j'évite les Brasseries, qui regorgent de visiteurs, et je gagne à pied l'Hotel de France, comme hier, par les rues obscures, car il n'y a plus de tramways !

Un soldat de police, de même que la veille, me fait un bout de conduite, et, comme il nous emboîte un peu trop le pas, je lui parle. Il essaie de me répondre en français, et je finis par le comprendre.

Le « *carçon est condent ?* » me dit-il, d'une voix qu'il fait douce.

Je lui affirme que le *Colosseum* nous a *colossalement* fait plaisir...

Et, au tournant d'une rue, il me salue d'un *Herr Professor* qui me rend rêveur....

IV

Clermont-en-Argonne, Août 1903.

Que nous reste-t-il à voir, à Metz ? Je n'ai pas la moindre envie d'aller au Lycée, transformé en Gymnasium. Mais il me paraît obligatoire de me rendre aux cimetières.

Metz a trois nécropoles, deux à la pointe de l'île Chambière et une autre sur la hauteur de Plantières. L'un des cimetières de l'île Chambière est consacré aux israëlites.

Il nous fallait rendre visite, au moins, à nos morts, aux officiers et aux soldats de 1870, enterrés dans le grand monument français.

Dès le matin de notre troisième jour, nous y étions.

D'autres Français se trouvaient là comme nous. Une dame âgée, voilée de deuil, pleure, agenouillée près du monument, tandis que trois hommes, debout, attendent sans doute qu'elle se relève; ils ont des têtes énergiques de soldats. Je salue, avec mon enfant, et, silencieux, nous contemplons la haute pyramide surmontée d'une urne funéraire.

Entre le sol et la pyramide, un soubassement, avec des ouvertures ménagées sur ses quatre faces, et, devant ces ouvertures, des prie Dieu en pierre.

Dans cet immense tombeau se trouvent entassés les restes de tant de *braves gens* qu'il serait impossible d'en préciser exactement le nombre. La pyramide est le dernier asile d'une foule anonyme, ou plutôt, qui n'a qu'un nom : la Patrie.

Nous relevons les inscriptions.

Sur la face principale du socle :

Metz ! Aux soldats français morts
dans ses murs pour la Patrie !

Sur la face postérieure :

A la mémoire
des sept mille deux cent trois soldats français
morts dans les ambulances de Metz !

A droite :

BORNY	14 août 1870.
GRAVELOTTE	16 août 1870.
SAINT-PRIVAT	18 août 1870.

A gauche :

SERVIGNY	31 août 1870.
PELTRE	27 septembre 1870.
LADONCHAMPS	7 octobre 1870.

Un bas-relief en marbre, représentant la Religion, et provenant du tombeau abandonné par une famille de Salse, a été apporté contre la face principale de la pyramide : il ne paraît pas avoir fait partie du plan de l'architecte messin, M. Demoget, qui a produit une belle œuvre, il faut le reconnaître.

La dame âgée et les visiteurs de tout à l'heure sont toujours là ! Nous saluons encore une fois, et nous quittons, sans parler, tant nos pensées sont sans doute les mêmes, le monument français.

Nous n'avons nulle envie de voir les autres cimetières.

Un tramway nous ramène en ville, pour

déjeuner.

Nous découvrons un restaurant français où les officiers allemands ne vont pas — et qui s'appelle le *Restaurant de la Lune*, tout près de la Cathédrale. Si nous l'avions connu dès le premier jour, que de mets indigestes nous aurions évités !

Déjà, dans une autre maison dite *française*, et tenue par un maître-queux du nom très parisien de Saltzmann, nous avions eu une cuisine barbare. A *la Lune* nous déjeunons simplement, comme chez nous, en buvant du vin de France.

Irons-nous visiter les environs ? Longeville, Saint-Quentin-le-Mont, Chazelles, Moulins, Novéant, Montigny ? On nous parle de l'église gothique de Woippy, de celle de Lorry, de celle encore de Fèves, qui date du XVe siècle, et de nombreuses autres qui méritent une visite. On nous vante le panorama dont on jouit à l'est de Metz, au sortir de la porte Mazelle ; les hauteurs de Queuleu, nous dit-on, sont à voir.

Il y a là un restaurant, le Bergschlösschen, dont la terrasse est très recherchée ; on y découvre le pays, de Pont-à-Mousson à Thionville !

Nous n'y allons pas.

Décidément, autant je trouverais de plaisir à m'oublier en Allemagne, dans les charmantes petites villes d'Outre-Rhin, autant j'éprouve de la gêne en Lorraine.

Malgré des plans arrêtés, un itinéraire que je m'étais tracé, je n'éprouve plus le désir d'aller voir les *champs de bataille* ! Ceux de mes compatriotes qui font cette excursion sont innombrables. Je me sens tout d'un coup dégoûté. Je me dis que je vais trouver, sans doute, les Bavarois et leurs « épouses », les invités du *Huitième* d'infanterie, montrant ou se faisant montrer les endroits où évoluèrent les héros de la conquête...

Nous nous contentons de regarder sur la carte l'emplacement de Borny, de Rezonville, de Gravelotte et de Mars-la-Tour. En quoi la promenade nous serait-elle utile ? Cette frontière est véritablement trop douloureuse...

Après le déjeuner, nous faisons nos préparatifs de départ, et comme le tramway que nous avions pris pour nous conduire, en attendant l'heure propice d'un train, sur la place de l'Empereur-Guillaume, s'arrête devant la *Germania*, nous y voyons une parade militaire. Nous descendons.

Si le grand Frédéric réapparaissait sur cette terre, il serait stupéfié de la transformation subie par la méthode d'instruction de ses glorieux descendants. Nous sommes très loin du fameux exercice à la prussienne qui éblouissait déjà nos pères, assez sots pour ne pas comprendre que les Prussiens sont des soldats passifs, ayant leurs qualités et leurs défauts particuliers, et que ce qui leur sied ne sied pas aux autres.

Eh bien, l'*exercice à la prussienne* n'est plus rien à côté de ce que l'on fait faire aux soldats allemands de nos jours ! La morgue des chefs, dans la parade actuelle, n'est pas exempte d'une certaine dignité qui impose, d'une dignité faite d'insolence et de force, mais l'allure par trop mathématique et mécanique du soldat est grotesque, par le fait même qu'elle semble supprimer l'humanité.....

Les fifres et les tambours minuscules nous portent trop sur les nerfs. Nous buvons un thé à la *Germania*, et nous gagnons la gare pour prendre un train de l'après-midi.

Un dernier adieu à l'emplacement de la Porte Serpenoise, à ce qui reste des vieux remparts, et nous nous installons dans les salles d'attente. On vend, dans cette gare appelée à disparaître, — car elle regarde la France, (1) et ils en veulent une de l'autre côté, du côté de l'Allemagne. — des cartes postales illustrées. dont quelques-unes sont grossières : telle cette carte qui repré-

(1) Cette transformation est imminente.

sente un soldat français prisonnier, embrassant une dernière fois sa jeune femme sous les yeux d'officiers prussiens, tandis qu'un bon gendarme du roi Guillaume tient dans ses bras le petit enfant endormi du captif ; tout autour, le spectacle d'un village pris par l'ennemi...

Je trouve cela d'un mauvais goût achevé !

Heureusement, le train va partir...

Je ne peux m'empêcher de reconnaître qu'au moment du départ les employés de la compagnie allemande sont d'une réelle politesse. Il est véritablement inquiétant de monter dans un wagon de première classe, dans la Lorraine Annexée !

On aide mon collégien à gravir l'escalier de la voiture ; on me passe mon sac de voyage. On nous salue, presque gentiment.

J'en ai l'explication tout de suite ; nous sommes trois, mon fils et moi, plus un colonel allemand, dans l'unique compartiment de première !

Le colonel parle un français très pur, quoique avec un léger accent, mais un accent qui n'a rien d'alsacien, qui est plutôt de Saxe, et que mon oreille supporte.

Au bout d'un quart d'heure, comme le train roule péniblement, gravissant une côte interminable, nous nous mettons à parler. Il a dans les mains le *Figaro* ; moi, je parcours, d'un œil distrait, le *Temps*. Mon gamin lit le *Pêle-Mêle* !

— Votre enfant, monsieur, apprend sans doute l'allemand ?

— Non, monsieur, il étudie l'anglais !

— Ah ?

— Oui. Je juge inutile de lui faire enseigner une langue difficile, quand on le bourre de latin, et qu'il va aborder le grec...

— *Tiens ! Vous n'êtes pas pour votre enseignement moderne, déjà mort, d'ailleurs, et déjà remplacé ?*

Je reste étonné.

Très au courant, le colonel !

Au fond, je suis vexé.

Pour ne pas rester battu, je lui parle des *gymnasiums* germaniques, et de l'enseignement *réel*. Il veut me faire dire ce que j'en pense. Je me récuse, en affirmant que je ne saurais comparer, ne connaissant pas à fond les programmes allemands. Mais je mens. Je ne veux pas dire, d'autre part, ce que je sens de l'évolution commencée... Ça ne regarde pas le colonel !

Il m'offre un cigare. Je préfère fumer une cigarette, et je lui tends une khédiviale, — qu'il prend par politesse, et qu'il allume.

Nous arrivons à Amanvillers.

Un soldat se présente devant la portière.

— Surtout ne descendez pas ici ! Votre douane,

au retour, est à Batilly !

Je salue. Mon *klein Offizier* se lève.

Le colonel ferme la portière en me disant : « Ils sont gentils, les petits Français ! »

Je salue de nouveau, et je m'enfonce dans mon coin.

A Batilly, la douane me semble plus méticuleuse qu'en Allemagne.

A Etain, comme nous avons traversé sous le soleil couchant de belles plaines restées françaises, je parle à mon compagnon de route de l'église curieuse du petit pays, de l'*Hôtel de la Sirène*, où Napoléon III vint coucher avant Sedan, — et je ne dis plus rien jusqu'à Verdun.

Là, sur le quai de la gare, circulent des soldats français.

« Papa ! des houzards ! » crie le *potache*, en voyant l'uniforme bleu d'azur, et en admirant un beau sous-officier en costume de fantaisie, qui parade comme un gentillâtre.

Je regarde aussi. Il me fait plaisir, ce maréchal des logis ! Je l'aurais jugé prétentieux, il y a six jours. Maintenant, je le trouve *très bien*. Il est de France !

Enfin, nous parvenons à Clermont-en-Argonne, la nuit tombante !

Ah ! la bonne senteur des bois !

Avec quelle joie nous arrivons chez Regnaud,

à l'*Hostellerie des Voyageurs*, au bas de la côte Sainte-Anne !

Des artistes y sont à table, devisant des croquis de la journée, solfiant, en laissant couler l'heure, sur la gamme du vert, et se moquant de Barbizon.

— Vous revenez de Metz ?

— Oui ! Et j'en suis joyeux !

Mon *collégien* dévore le potage français, fête la cuisine du maître Regnaud, et, quoique je ne sois pas chauvin, je me sens à l'aise d'être chez moi, d'être chez nous !...

VERDUN. — IMPRIMERIE E. LEJEUNE

ŒUVRES DE LÉON BIGOT

POÉSIE

Premiers et derniers poèmes, 1 vol.
Révolte, petit poème, brochure.

ROMANS-FEUILLETONS

Le roman d'un Homme de rien. — **Jehan-Laplume.** — **Diane de Malangy.** — **Boulet-au-pied.** — **Jacques-le-Frondeur.** — **La Fée des Roches.** — **Le Secret de la Cadette.**

ROMANS, NOUVELLES, ETC., EN LIBRAIRIE

Pour Pleurer et pour rire, 1 vol. contenant : *la Folle Nue*, *Faux-Col-en-Papier*, *Fille Latine*, *Lettres Perdues*, etc. (3e édition). — Dentu, éditeur . . 3 50

Follement Aimée, 1 vol., Roman passionnel. 4e édition. — Dentu, éditeur. 3 50

Cruautés, 1 vol., contenant : *Inconscience*, *Les Bluets de Paule*, *A Potin-sur-Scie*, *L'Eventrée*, Etc., etc. — P. Arnould, éditeur 3 50
(20 Exemplaires numérotés ont été tirés sur papier de Hollande). Edition de luxe épuisée . 10 et 30 fr.

Propos sceptiques d'un Homme de Foi, joli volume, caractère elzévir (E. Flammarion, éditeur) . . 3 »

THÉATRE

L'Ange du Poète, comédie en 1 acte, en vers.
Jeune Fille Moderne, comédie de salon pour enfants, en prose.

HISTOIRE

Le Connétable de Richemont, Fischbacher, éditeur, 1 vol.

L'Université de Paris et l'Ecole chez nos pères, Dentu, éditeur, brochure.

Courte notice sur Emery Bigot l'Archiviste (1626-1689) par l'un de ses descendants, brochure.

La Glose, Ch. Louage, éditeur, brochure.

Le Pays Verdunois, L. Marchal, éditeur, brochure.
Etc., etc....

www.ingramcontent.com/pod-product-compliance
Ingram Content Group UK Ltd.
Pitfield, Milton Keynes, MK11 3LW, UK
UKHW020959220726
13924UKWH00002B/796